CONDÉ-EN-BARROIS

NOTES ET DOCUMENTS

SUR

CONDÉ-EN-BARROIS

RECUEILLIS ET PUBLIÉS

Par M. Cl. Bonnabelle

BAR-LE-DUC
IMPRIMERIE L. PHILIPONA ET Cie

1885

A MONSIEUR LÉON MAXE-WERLY,

CORRESPONDANT
DU MINISTÈRE DE L'INSTRUCTION PUBLIQUE,

VICE-PRÉSIDENT
DE LA SOCIÉTÉ DES LETTRES, SCIENCES ET ARTS DE BAR-LE-DUC, ETC.

NOTES

SUR

CONDÉ-EN-BARROIS

— MEUSE —

I

Condé-en-Barrois (1) est un bourg placé entre deux coteaux déprimés, le long d'un petit ruisseau et en dominant un autre, lesquels réunis, forment la rivière de *Chée* (2). D'aucuns avan-

---

(1) M. Félix Liénard, dans son *Dict. top. de la Meuse*, publie ainsi les noms relevés dans plusieurs actes et donnés à Condé à différentes époques : *Condatum super fluvium. Callo*, 674 (?) : *testam. Vulfoadi.* — *Condatum*, 870 : partage de l'empire; 1106 : bulle de Pascal II; 1305 : accord pour la vouerie de Condé; 1135 : *Onera abbatum*; 1171 : pouillé; 1749 : ibid.; 1756 : *Notice de D. Calmet.* — *Condeyum*, 1221 : abb. de Saint-Benoît, ch. de Jean, év. de Verdun. — *Condei*, 1248 : cart. de Saint-Paul; 1251 : abb. de Saint-Mihiel, P.1; 1352 : Coll. Lorr., t. 243.37, p. 16. — *Sainct-Michiel de Condei*, XIII° siècle : ch. d'exempt. Melinon, p. 133-15. — *Condey*, 1331 : arch. de la Meuse; 1397 : Coll. Lorr., t. 263.46, C. 13; 1579 : proc.-verb. des coutumes. — *Condey en Barrois*, 1402 : Coll. Lorr., t. 260.46, p. 6. — *De Condeto Barrense, de Condeto Barrensi*, 1402 : regestr. Tullens.

(2) Cette rivière est formée de plusieurs ruisseaux prenant leur source sur les territoires de Seigneulles, Rembercourt-aux-Pots, Marats, et se réunissant à Condé et à Génicourt, pour arroser ensuite les communes

cent que son nom de Condé (*Condatum super fluvium Callo*) lui a été donné à cause de sa position au confluent de ces ruisseaux, et vient du celtique *condat*, confluent. Ce même nom appartient en effet à plusieurs localités dans une situation semblable.

Traversé dans la plus grande partie de sa longueur par le chemin de grande communication n° 28, de Naives-devant-Bar à Lisle-en-Barrois, et par celui d'intérêt commun n° 55, de Louppy-le-Château à Rosnes, ce village est limité par les territoires de Lisle et de Rembercourt-aux-Pots au nord, de Génicourt-sous-Condé et de Hargeville au sud, des Marats et de Seigneulles à l'est, et par celui de Louppy-le-Petit à l'ouest. Au nord et à 14 kilomètres de Bar-le-Duc, il se trouve à 7 kil. de Vavincourt, chef-lieu de canton, et à 35 kilom. de Saint-Mihiel, chef-lieu judiciaire de la cour d'assises.

La fondation de cette localité est inconnue. Des monnaies romaines ont été plusieurs fois trouvées sur son territoire, entre autres un grand et un moyen bronze possédés aujourd'hui par le musée de Verdun. Ils ont été recueillis dans la prairie, sur les bords d'un affluent de la Chée, vers l'angle sud-est du bois communal de la Souvalotte et près de l'ancien chemin allant à Louppy-le-Petit (1). La trouvaille la plus importante a été faite en 1882, au lieudit *Caïfa*, dans une propriété appartenant à M. Lataye. Elle était renfermée en un pot contenant environ quinze cents monnaies romaines, aux effigies de Tetricus, Postume, Claude le Gothique, Tacite et Probus. Dix-neuf de ces monnaies ont été déposées au musée de Bar-le-Duc, par M. Bertrand, agent-voyer (2).

La *ville* de Condé faisait partie de l'importante donation faite par le comte Wulfoade ou Wolgand, puissant leude et peut-être l'un des maires du palais du royaume d'Austrasie, pour l'entretien de l'abbaye de Saint-Mihiel qu'il venait de fonder

---

de Louppy-le-Petit, Villotte, Laheycourt, Auzécourt, Noyers et Nettancourt; quittant alors le département après un cours de 34 km., la Chée va se jeter dans la Saulx vers Vitry-le-Brûlé (Marne). Liénard, *loc. cit.*

(1) Questionnaire dressé en 1868 pour les communes de la Meuse.
(2) Journal l'*Echo de l'Est* du 20 janvier 1882.

(année 709) (1). Par son testament, en date du jour des kalendes de janvier, la seconde année du règne de Théodoric (Thierry IV) (2), il lègue en effet entre autres domaines, à cette abbaye, sa ville de Condé (3), ses maisons, terres, vignes, enclos fermés et non fermés, rivières et dépendances. Une des clauses de ce testament portait que « si lui-même ou « quelqu'un de ses héritiers ou quelques autres personnes met- « toient empêchement à la jouissance desdits biens, il deman- « doit à Dieu de les maudire comme Sodome et Gomorrhe (4) « et les condamnoit à payer huit livres d'or pesant et quinze « livres d'argent. »

Dans son « *Etude sur les différents pagi qui, au Xe siècle, formèrent le comté du Barrois* », M. Léon Maxe-Werly dit qu'il ne peut y avoir de doute que « le *Condatum in pago Barrense super fluvium Callo* ne soit évidemment le village de Condé, situé au confluent du rû de Marne et de la rivière de

---

(1) Augustin Digot, *Hist. du roy. d'Austrasie*, 1863, t. IV, p. 194.

(2) Facta sub die Kal. Januaris, anno secundo Domini nostri Theodorici Regis. (*Testamentum Vulfoadi comitis*, publié par D. Joseph de l'Isle, dans les preuves de son *Hist. de l'ancienne et célèbre abbaye de Saint-Mihiel*, 1757, in-4°, p. 421-426.) Le Thierry dont il est ici question ne peut être que Thierry IV, dit de *Chelles*, du nom du couvent où il avait été élevé. Thierry III est mort en 691; l'abbaye de Saint-Mihiel, fondée en 709, n'a pu faire l'objet d'un acte de donation antérieure à sa fondation. Or, Thierry IV a succédé à Chilpéric II. Chilpéric étant mort en décembre 720, et Charles Martel, maire du palais, ayant fait reconnaître Thierry IV, fils de Dagobert III, âgé seulement de huit ans, pour roi d'Austrasie, ce serait donc en 722 que Wulfoade aurait fait cette donation. Dom Calmet donne la date de 624, et M. Félix Liénard, *op. cit.*, celle de 674, ces dates sont évidemment erronées.

(3) Donatumque esse volo in perpetuum; hoc est villam meam quæ dicitur Condatum in pago Barrense super fluvium Callo. (D. de l'Isle, *op. cit.*, p. 426.)

(4) Si vero ego aut aliquis de hæredibus meis vel cohæredibus, vel quælibet opposita persona contra hoc testamentum ire, aut fortasse infringere aut corrumpere voluerit, iram Dei omnipotentis incurrat, et ille eum maledicat, qui maledixit Sodomam et Gomorram, et ad limina Sanctorum extra consortium christianorum excommunicatus appareat, et insuper solvat auri libras octo, et argenti pondus quindecim mulctam sustineat, et quod repetit evendicare non valeat, et nihilominus præsens testamentum omni tempore firmum et inviolatum permaneat...... (Dom de l'Isle, *Testam. Vulfoadi*, preuves, p. 426).

Chée, dépendant autrefois du doyenné de Bar et désigné encore aujourd'hui sous le nom de Condé-en-Barrois (1).

N'ayant pas les éléments nécessaires pour retracer l'histoire complète et suivie de Condé, nous nous bornerons à rappeler les actes, déposés dans nos archives où son nom se rencontre ainsi que les historiens qui le mentionnent, et nous suivrons autant que possible, dans ces quelques pages, l'ordre chronologique.

Lorsqu'au moyen âge prélats et abbayes durent chercher des défenseurs contre d'ambitieux voisins, les religieux de Saint-Mihiel se mirent sous la protection des comtes de Bar. D. Calmet et après lui D. de l'Isle rapportent que « Renaud Ier », l'un d'eux (2), voué de ladite abbaye (3) et alors gouverneur de Verdun, rendit, dès le commencement de son règne, le fief de la vouerie de Condé à Guidon, fils de Liétard, probablement un sous-voué. Ce dernier avait tellement accablé d'exactions les habitants dudit lieu de Condé, sujets de l'abbaye de Saint-Mihiel, que l'abbé Lanzon dut intervenir et porter ses plaintes vers le comte de Bar. Celui-ci, craignant que Guidon n'imitât son père Liétard, dans les injustices qu'il avait commises à l'égard des sujets desdits religieux, fit fixer judicial-

---

(1) *Mémoires* de la Société des Lettres, Sciences et Arts de Bar-le-Duc, 1877, p. 16 du tirage à part. — Dans le traité qui a pour titre : *Onera Abbatum*, inséré dans les preuves de l'*Hist. de l'abb. de Saint-Mihiel*, p. 460 et s., Condé est toujours désigné sous les noms de « *la signorie foncière de tota villa, banno et finagio dicti loci de Condato in pago Barrensi* »; « *villa de Condato* », etc.

(2) Il régna sur le Barrois de 1105 à 1149, et fut inhumé en l'église abbatiale de Saint-Mihiel.

(3) Les voués ou avoués étaient généralement des seigneurs laïques puissants, chargés d'exercer, au nom des seigneurs ecclésiastiques, les fonctions de justice et de milice, dont ceux-ci ne pouvaient s'acquitter en personne. Les rois, qui trouvaient que le clergé devenait trop riche, recoururent à ce moyen de faire refluer ses biens en mains séculières. Les voués ne s'en firent pas faute; ils se firent de très belles parts dans le domaine et dans les revenus des monastères. Ils eurent des sous-voués qui, dans chaque prévôté, imitant l'exemple des grands voués, taillèrent en plein drap et usurpèrent la pleine propriété des biens dont ils avaient la garde. C'est ce qui eut lieu pour la prévôté de l'abbaye de Saint-Mihiel à Condé. (Voir l'abbé Clouet, la querelle de l'évêque Albéron avec le comte Renauld, dont il est ici question, *Hist. de Verdun*, tom. Ier, p. 113.)

rement le droit du seigneur voué. Le règlement dressé à cet égard fut fait en double minute, afin que le voué et les moines eussent chacun le leur (1). »

Au XIIIᵉ siècle, sous l'abbatiat de Drogon, des dons considérables furent faits en faveur de l'abbaye de Saint-Mihiel. Nous devons citer entre autres celui que cet abbé constate, dans un acte du mois de mars 1233. Il atteste « qu'ayant acheté une partie du moulin de la Roche, une maison et deux jardins d'un nommé Virlan, habitant de Condé, le curé de ce lieu lui a donné quarante livres pour payer cet achat, afin qu'on priât Dieu pour son âme. Drogon ajoute qu'il a accordé cette partie de moulin, la maison, les jardins et tout ce qui comprend cet achat, audit curé, pendant sa vie, à condition qu'après sa mort le tout retournera à l'abbaye de Saint-Mihiel (2). »

Dans un autre acte, du mois de novembre 1251, signé par Henri, comte de Bar, et revêtu de son sceau, il est déclaré « que Pierre Iᵉʳ, abbé de Saint-Mihiel, et le couvent l'ont *accompagné* par moitié en leur vente et marché de la ville, à la réserve de ce qui est spécifié dans la charte d'*accompagnement*, savoir que tous les hommes censables à Saint-Mihiel et à Condé n'y sont pas compris. Il consent que cette exception ait lieu, à condition qu'ils paieront annuellement en reconnaissance un denier à la Saint-Michel entre les mains du receveur de ce prince (3). »

Pierre Iᵉʳ (4) eut pour successeur Vautier ou Gautier II en 1252. « Parmi les différentes affaires, dit D. de l'Isle, survenues à l'abbaye de Saint-Mihiel sous cet abbé, je trouve qu'au mois de juillet 1255 il y eut un différend avec l'abbé de Lisle au sujet d'une maison, que celui-ci vouloit avoir à Condé quoique dépendant de l'abbaye de Saint-Mihiel. Thiébaut, comte de Bar, devant qui ce différend fut porté, condamna l'abbé de Lisle à payer annuellement un cens de quinze sols tournois pour cette maison dans l'octave de Saint-Remi, et en punition

(1) Dom de l'Isle, *op. cit.*, p. 94.
(2) Id., p. 136.
(3) Id., p. 142.
(4) Pierre mourut le 23 décembre 1251.

du retard du paiement, douze deniers d'amende chaque semaine (1). »

Un différend plus sérieux surgit encore entre les abbés de Saint-Mihiel et de Lisle, sur la question de savoir auquel des deux abbés appartiendrait le patronage de la cure de Condé. Ce différend fut vidé sous Pierre II, successeur de Gautier II dans la chaire abbatiale, à la suite d'un accord entre les deux abbayes au mois de février 1298, où il fut stipulé « que l'abbaye de Saint-Mihiel retiendrait, comme d'ancienneté, les deux tiers des dîmes de Condé, et que les deux monastères se partageraient également les autres biens dépendants de l'église de cette paroisse, soit en oblations, soit en dîmes, soit en fondations, soit en cens ou autres choses; qu'elles paieraient par moitié le droit de la cathédrale; que s'il arrivait que les cens ne fussent pas payés à l'échéance, l'abbaye de Saint-Mihiel serait chargée d'y contraindre les débiteurs par les officiers de sa justice, qui leur feront subir les peines portées par les contrats d'accensement. Quant au vicaire, desservant l'église de Condé, le choix en est réservé à la même abbaye de Saint-Mihiel, privativement à celle de Lisle, sous la condition néanmoins qu'il sera idoine, qu'il aura les qualités requises et qu'il sera approuvé par l'évêque diocésain ; qu'il prêtera en premier lieu serment aux religieux de Lisle, tant au sujet des revenus à eux appartenant que de leurs autres droits; en second lieu, qu'il en fera autant à l'égard des religieux de Saint-Mihiel (2). »

D'après cet accord, l'une des deux abbayes ne pouvait aliéner, sans l'agrément de l'autre, les droits qu'elle avait à Condé, et toutes deux devaient s'aider à défendre mutuellement leurs

---

(1) Dom de l'Isle, *op. cit.*, p. 146.
(2) Dom de l'Isle, *loc. cit.*, p. 157-158. — Condé était une des deux prévôtés-moines de l'abbaye de Saint-Mihiel; elles avaient toujours été administrées par deux religieux, ayant chacun leur maison séparée; mais comme leurs droits et leurs privilèges n'étaient pas incompatibles, ils furent, dans la suite, exercés par un seul religieux appelé « prévôt-moine de Saint-Mihiel et de Condé. » (D. de l'Isle, *op. cit.*, p. 17.) En 1757, les émoluments du prévôt-moine étaient de 300 francs barrois par année.

droits. Quand un religieux d'une des deux maisons venait à mourir, l'autre devait prier pour le repos de l'âme du défunt.

Une libéralité fut faite à l'abbaye de Lisle, en 1235, par un bourgeois de Condé, Henriet, qualifié *civis de Condato*, du consentement de sa femme et de ses filles. Il lui donna ce qui pouvait lui revenir d'argent sur le cens de Wavincourt et de Sarney.

L'existence d'une bourgeoisie à Condé ne semble-t-elle pas révéler le fait de l'affranchissement de cette commune d'après la charte de Beaumont?

Nous trouvons dans le *Cartulaire de Sainte-Hoïlde*, la copie d'une lettre du mois de février 1261, dans laquelle figurent comme témoins « Colas li Lovas de Condei et Jehannius, chevaliers », pour un don fait aux dames de ce monastère, d'un homme de corps, de sa femme et de ses hoirs, par messire Nichole, dit le Bouteiller, de Neufville, et dame Ameline, sa femme (1). Au XIIe siècle, Condé possédait donc plusieurs maisons nobles, dont il ne subsiste plus que quelques traces aujourd'hui.

En mars 1279, le jeudi devant les bures, Gilles de Hargeville, écuyer, rend dénombrement au *cuens*, comte de Bar, Thiébaut, pour Hargeville, Condé et Génicourt (2).

Thiébaut de Bar, évêque de Liège, se démet, le dimanche devant la Saint-Laurent, en août 1310, en faveur d'Evrard de Bar, chevalier, son frère, de tout ce qu'il détenait de Henri, comte de Bar, son autre frère, à Condé, Vavincourt, Sarney, Laheycourt, Auzécourt, Sommeilles et autres lieux (3).

En 1324, le comte Edouard de Bar donna une preuve de sa libéralité au monastère de Sainte-Hoïlde, en lui assignant six livres de rente à prendre sur le tonlieu (4) de Condé.

(1) Voir Alf. Jacob, *Cartulaire de l'abbaye de Sainte-Hoïlde*, 1882, in-8°, p. 62 du tirage à part.
(2) Archives de la Meuse, B. 310, f° 45.
(3) Cet impôt se payait pour les places où l'on étalait dans un marché ou sur les marchandises en général à la barrière des villes. (Arch. de la Meuse, Reg. 2; B. 268, f° 20.)
(4) Archives de la Meuse. Chambre des Comptes de Bar; B. 310, f° 32.

Le jour de la Conception Notre-Dame, 1335, Nicole de Bloise rend dénombrement pour le quart de cent livrées de terre à prendre sur la taille et le tonneu de la ville de Condé.

Le même jour, Aubert de Hangest rend semblable dénombrement à cause de Jeanne de Bloise, sa femme (1).

Par contrat en date du 30 avril 1391, les habitants de Condé reconnaissent devoir à toujours et par chacun an, à la Saint-Remi, au duc de Bar (2), « 75 sois de petits tournois vieils et gros vieils d'argent (3). »

Condé faisait partie des domaines donnés par Robert à Edouard, son fils aîné, le 14 décembre 1399 : ces domaines comprenaient les châtellenies de Mousson, Briey, etc. (4).

Une maison fut accensée, à Condé, le 28 octobre 1473, moyennant un cens de six gros (5).

(1) Arch. de la Meuse, B. 310, f° 48.
(2) Plusieurs écrivains ont posé la question de savoir à quelle époque le comté de Bar fut érigé en duché, et quel fut le souverain qui en délivra les patentes. Les Allemands, pour justifier le démembrement de nos provinces et leur spoliation, prétendent que ce fut l'empereur Charles IV, le 13 mars 1354, en même temps qu'il élevait Pont-à-Mousson en *marquisat*. Selon les Français, cette érection serait l'œuvre de Jean II, dit le Bon, roi de France, dont Robert, comte de Bar, avait épousé sa fille Marie. Quoi qu'il en soit, nous lisons dans un compte de la prévôté de Conflans-en-Jarnisy, déposé aux archives de la Meuse (B. 2146), et dont nous reproduisons le sommaire, que Robert, qui n'avait succédé à son frère, le comte Edouard II, qu'en 1351, portait déjà le titre de duc en 1354 : « Compte de deniers fournis par Monseigneur le duc de
« Bar, par Philippin de Longeville, écuyer, dès le jeudi après la Pente-
« côte 1354, que le dit Philippin fut nommé et établi par Monseigneur
« le duc, ses gens et les députés de la commune paix en la chastellenie
« pour mon d. seigneur du chastel de Conflans en Jarnisy, que Girards
« Robert en issit, et que le d. Philippin y entra. »

M. Clessé (*Notions générales sur l'hist. des anciens duchés de Lorraine et de Bar*, p. 50), qui rapporte ledit extrait, dit que cette érection dut se faire entre le mois de mai 1354, où Robert ne prenait encore que le titre de *comte*, et le mois de novembre suivant, où il fut question, en assemblée officielle, « d'allier la duchié de Bar à celle de Lorraine. » (V. *Annuaire de la Meuse*, 1878, part. hist., p. 30; Victor Servais, *Annales hist. du Barrois*, 1865, t. I, p. 2, note a.) Pour l'érection du comté de Bar en *duché*, voir Aug. Digot, *Hist. de Lorr.*, t. II, 2° édit., 1880, p. 275; Victor Servais, *loc. cit.*, t. I, p. 36.

(3) Archives de la Meuse, B. 284, f° 160.
(4) Id., B. 230, f° 1. V. De Smyttère, *Les ducs de Bar et les seigneurs de Cassel de la maison de Bar*, p. 105.
(5) Arch. de la Meuse, B. 264, Reg. Bar n° 41, f° 160. — Le *cens* était

Dans un compte de Christophe Liétard, receveur général du bailliage de Bar, pour 1415-16, figure l'exécution, à Bar-le-Duc, d'un nommé Jean Jacquier, de Condé, condamné à mort pour avoir empoisonné sa femme (1).

Un autre compte du même receveur, pour l'année 1519, mentionne une largesse de la reine de Sicile, duchesse de Lorraine et de Bar, qui, en récompense des services qu'il aurait rendus à la *fruiterie*, verse une somme d'argent à Claude de Condé, afin de l'aider à célébrer ses noces (2).

Avant la Révolution, les fiévés avaient seuls le droit de posséder des colombiers sur pilier; les nobles et les roturiers ne pouvaient en élever sans une permission spéciale émanée du prince et enregistrée en l'une de ses cours de justice (3). Les livres laissés par les comptables de l'ancienne Chambre des comptes de Bar rappellent avec précision les lettres patentes données à plusieurs hauts personnages de la cour des ducs de Lorraine. Nous relevons, entre autres, celle permettant au sieur Vincent (4) de bâtir un colombier sur pilier en sa maison de Condé (5).

une redevance en nature ou en argent payée au seigneur sur des fonds dont il avait aliéné pour toujours la jouissance. Le cens était perpétuel et irrachetable, mais le fonds qui en était grevé pouvait être vendu. (*L'ancien régime,* par l'abbé D. Mathieu, p. 298.)

(1) Archives de la Meuse, B. 620.
(2) Id., B. 625.
(3) Les dégâts causés dans les champs cultivés par les pigeons ont, de tout temps, obligé l'autorité à réglementer les colombiers.
(4) Le sieur Vincent, président de la Chambre des comptes de Bar, avait été trésorier du duc de Lorraine. Ayant conçu le dessein de se procurer la terre de Condé-en-Barrois, il proposa au cardinal Charles de Lorraine, alors abbé de Saint-Mihiel, qui en était seigneur, de lui échanger cette terre contre d'autres biens; mais sur les représentations du sieur Godé, son receveur, qui fit voir à Son Éminence que cet échange serait préjudiciable à son abbaye, et surtout sur les représentations de ses religieux, ce projet échoua. (Dom de l'Isle, *op. cit.*, p. 228.)
(5) En 1624, une semblable permission fut accordée à un sieur Le Féron, d'avoir, au village de Condé, une volière de 120 boures. (Arch. de la Meuse, B. 326, f° 268.) Au mois d'août 1699, Jacques Pillement, de Souilly, fut condamné, au bailliage de Bar, à démolir un colombier qu'il avait fait dresser sur pilier sans autorisation. (Ch. Bonne, *Les principes de 1789,* page 90, note.)

Les hautes et moyenne justices ayant été contestées au duc de Lorraine, le 15 janvier 1616, Charles III fit enregistrer des lettres de provisions d'une *chaise* (1), à Condé, lettres par lesquelles « il appert » encore que ces droits « lui appartenaient audit lieu, privativement à tout autre. »

Parmi les religieux qui assistèrent au chapitre général qui se tint à Saint-Mihiel le 7 décembre 1515, sous la présidence de l'abbé Jean de Fresneau, « à l'effet de dresser des règlements qui pussent contribuer au mieux être du monastère », figurait Claude de Custine, prieur de Notre-Dame de Haître-sous-Amance (2) et prévôt-moine de Condé-en-Barrois. C'est en cette assemblée qu'il fut arrêté et conclu audit chapitre général, pour le présent et avenir, « que les officiers perpétuels, savoir le prévôt-moine de Saint-Mihiel, le prévôt-moine de Condey, l'aumônier et le trésorier seront exempts du service ordinaire lorsqu'ils exerceront leurs offices, de sorte qu'ils participeront à tous les profits, émoluments, distributions sans rien excepter, qui proviendront du couvent et offices conventuels, pourvu que lesdits officiers perpétuels fassent résidence personnelle audit monastère, et qu'ils fassent leurs devoirs tant à l'égard de leurs offices, que des autres charges de l'église, selon Dieu et raisons, par l'avis du seigneur abbé et prieur (3). »

On y décida encore que les religi.. qui sont commis à quelque office « seront tenus de se faire payer, dans le plus bref délai possible, des rentes et des revenus » attachés à leurs fonctions et qu'ils en rendront compte, chaque année, le jour de la tenue du chapitre, à qui il appartiendra de statuer sur « les dettes véreuses. »

Le duc de Lorraine fit, en 1623, abandon à l'abbaye de Saint-

---

(1) Chaise, en terme de fiefs, se dit en partage de fief noble, de quatre arpents de terre qui sont autour d'un château, hors des fossés, qui appartiennent à l'aîné par préciput : ce qu'on appelle à Paris le *vol du chapon*. — « Natalium prærogativus fundus, prærogativum prædium. » — *Diction. de Trévoux*, 1740, t. II.

(2) Aujourd'hui *Laître-sous-Amance*.

(3) Dom Joseph de l'Isle, op. cit., p. 208, 209 (art. 4 du règlement).

Mihiel, sa vie durant, d'un quart sur la moitié de ses droits ou produit du bois dit le *Chanois* de Condé, dont le couvent possédait l'autre moitié (1).

En 1654, la fête de Pâques ne put être célébrée à Condé à cause de la guerre (2).

Parmi les pensions accordées par le duc Léopold à ses serviteurs, il s'en trouve une de deux cents francs délivrée, le 15 mai 1719, au sieur Gérard, un de ses gentilshommes ordinaires, sa vie durant, sur le domaine de Condé (3).

Sous le règne de ce même prince, les religieux et l'abbé de Saint-Mihiel fournirent leur dénombrement pour Saint-Mihiel et Condé (4).

Dans la répartition faite en 1703, par la Chambre des comptes du duché de Bar, de la subvention due par ce duché, Condey (*sic*) figure pour la somme de 2.219 livres, non compris 321 livres pour les charges de l'Etat (5).

Après sa réunion à la France, Condé est taxé à la somme de 054 livres par l'arrêt du conseil du roi Louis XVI, prescrivant sur les villes et communautés des duchés de Lorraine et de Bar l'imposition nécessaire à l'entretien et à la construction des routes de la province, en 1788 (6).

On ne pourrait affirmer que, avant la Révolution, les jeunes gens du village de Condé manquassent de patriotisme; mais, à coup sûr, cette localité était une de celles qui comptaient le plus grand nombre de réfractaires. Ainsi, pour n'avoir pas répondu à l'appel pour le recrutement des troupes provinciales, en six ans, de 1775 à 1780, trente-huit d'entre eux furent déclarés fuyards, et, comme tels, soldats provinciaux de droit,

---

(1) Arch. de la Meuse. Compte de Jean Bonnet, écuyer, gruyer de Bar, B. 771, f° 66.
(2) Id., Compte de Jean Maillet.
(3) Id., Compte de Jean Bonnet, écuyer, gruyer de Bar, B. 772, f° 81.
(4) Id., B. 393, *Invent. somm.*, p. 30.
(5) Id., B. 429, ibid., p. 44.
(6) Id., C. 356, ibid., p. 48. — Dans le contingent assigné à chaque commune de la Meuse pour l'entretien des chemins vicinaux en 1884, Condé figure pour la somme de 2.733 fr. 51 c.

savoir : cinq en 1775, six en 1776, onze en 1777, six en 1778, trois en 1779, et sept en 1780 (1).

Condé a été jadis plus considérable qu'il ne l'est aujourd'hui. Détruit en partie pendant la guerre de Trente-Ans, il fut plus tard la proie de terribles incendies, notamment, en 1788, où sept laboureurs et quatre-vingt-sept manœuvres furent victimes de ce fléau ; aussi les impositions pour 1789 furent-elles diminuées de 601 fr. 16 sols 3 deniers, et le rôle de cette année mémorable ne porta plus, pour l'imposition, que dix laboureurs au lieu de vingt, et deux cent vingt-quatre manœuvres au lieu de trois cent onze inscrits sur le rôle précédent (2).

Sous Stanislas, Condé faisait partie du Barrois mouvant, suivait la coutume de Bar. Il dépendait des offices, recette, prévôté et bailliage du même lieu, et ressortissait au présidial de Châlons et au parlement de Paris; le roi en était seul seigneur haut et moyen justicier; et l'abbé de Saint-Mihiel seigneur foncier. L'abbé avait encore la juridiction générale conjointement avec les officiers de la maîtrise de Bar, sur les bois d'accompagnement, c'est-à-dire sur ceux qui, appartenant au roi et à l'abbaye, étaient indivis. En 1749, on comptait 380 feux à Condé (3).

En 1790, lors de la division de la France en départements et en districts, cette commune fut annexée au district de Bar-

---

(1) Communication de M. Alf. Jacob, archiviste départemental de la Meuse.

(2) Depuis cette époque, plusieurs sinistres sont encore venus porter la désolation dans cette localité. Le plus violent a été celui de 1832 et, récemment, le 7 août 1884, vers l'heure de minuit, le feu se déclara de nouveau au milieu du village dans l'une des maisons faisant face à celle de M. Guinard, notaire. Il s'est développé avec une telle rapidité, qu'en moins de vingt minutes, une quinzaine de maisons étaient la proie des flammes. S'étendant encore, il dévora depuis et y compris la maison Ernest Lemoine jusqu'à la maison Achille Buvelot, c'est-à-dire jusqu'à la ruelle située près de l'église. A cinq heures du soir, maître enfin du feu, on put constater qu'il y avait vingt-huit maisons brûlées, trente-neuf ménages sans asile, et trois cent dix mille cent francs de pertes.

(3) De Maillet, *Description de la Lorraine et du Barrois*, 1749, in-12.

sur-Ornain et au canton des Marats ; on y comptait 258 citoyens actifs ou électeurs au premier degré (1).

Lors de l'invasion allemande, en 1870, la commune de Condé fut fort éprouvée ; aussi y eut-il des résistances que l'ennemi chercha à vaincre par les menaces les plus graves. Voici copie d'une lettre que le Préfet de la Meuse, pour le Roi de Prusse, adressa au maire de cette localité, et qu'il expédia ensuite, sous forme d'affiche, dans toutes les autres communes du département pour y être placardée :

« Préfecture du département de la Meuse.

« A M. le Maire de Condé-en-Barrois.

« Monsieur le Maire,

« On m'informe que l'autorité des représentants légaux de votre Commune n'étant plus respectée, plusieurs Membres du Conseil municipal ayant refusé leur concours au Maire, une Commission s'étant formée à côté du Conseil municipal pour imposer, sans autorisation des Autorités supérieures, une contribution à une partie des habitants, la Commune de Condé-en-Barrois est menacée d'un état d'anarchie.

« Plus que jamais, il est du devoir de tous les citoyens de maintenir l'ordre dans les circonstances actuelles, et s'ils méconnaissent ce devoir, ils doivent y être ramenés par la rigueur et la force.

« Vu ces circonstances,

« J'arrête :

« Article premier. — Maire, Adjoint et Conseillers munici-
« paux légalement élus et confirmés reprennent immédiatement
« leurs fonctions.

« Celui qui ne se conformerait pas à l'ordre précité ou qui,

---

(1) Pour être citoyen actif, il fallait payer une contribution équivalant à trois journées de travail, soit 4 fr. 50.

« à une invitation du Maire de lui prêter son concours, pour
« l'exercice de ses fonctions difficiles, répondrait par un refus,
« sera arrêté.

« Art. 2. — Toute personne qui s'opposerait aux ordres de
« l'Autorité légale de la commune sera punie d'une amende ou
« de la prison selon les circonstances.

« Art. 3. — Tous les arrêtés ou décisions qui n'émanent pas
« de l'Autorité légale de la commune sont déclarés nuls et non
« avenus. »

« Les mesures les plus rigoureuses seront prises sans délai
si l'avis ci-dessus ne suffit pas pour rétablir l'ordre.

« Je vous requiers, Monsieur le Maire, de publier cet avis
par voie d'affiche.

« Recevez, Monsieur le Maire, l'assurance de ma considération la plus distinguée.

Bar-le-Duc, le 26 novembre 1870.

« *Le Préfet de la Meuse,*

Par délégation :

« De STICHANER. »

II

Dans l'ordre administratif, Condé fait aujourd'hui partie de l'arrondissement de Bar-le-Duc et du canton de Vavincourt. Il est chef-lieu d'une perception (1) et possède un bureau de distribution des postes créé en 1860, une étude de notaire, un bureau de bienfaisance (2), deux maisons d'école pour l'enseignement primaire, une école maternelle et *deux pompes* à incendie.

(1) Cette perception est formée des communes de Chardogne, *Condé*, Génicourt, Harville, Rosnes, Seigneulles et Vavincourt.
(2) Les revenus de ce bureau ont été de 1.206 fr. en 1883. (*Situation financière des communes de la Meuse en 1883*, p. 3.)

La population, d'après le recensement officiel de 1881, est de 805 habitants (1), abrités sous 287 maisons (2).

De temps immémorial il y a eu des foires établies à Condé (3).

(1) Depuis le commencement du xix° siècle, le mouvement de la population a beaucoup varié à Condé. En 1803, on y comptait 1.337 habitants ; — en 1825, 1350 ; — en 1830, 1391 ; — en 1835, il y a décadence, on n'en compte plus que 1.376 ; — en 1840, ce chiffre descend à 1.119 ; — en 1845, il remonte à 1.178 ; — depuis cette époque, il ne fait plus que decroître ; en 1852, il est de 1.052 ; — en 1861, il y a une augmentation de 3 habitants ; — enfin, en 1866, nous ne trouvons plus que le chiffre de 981 sur la statistique officielle.

(2) *Compte rendu des recettes et des dépenses de la caisse des incendiés pour 1882.*

(3) Nous trouvons une foire établie à Condé dès 1251. Thibaut, comte de Bar, par ses lettres données au mois de septembre de cette même année, « reconnait comme l'abbé et le couvent de Saint-Mihiel l'ont *accompagné* à tous les marchés et foires de Saint-Mihiel et Condé, en tous leurs bois, où qu'ils sont situés dedans ses seigneuries, en sorte que de toutes les *avelues* et accrues, ils en doivent avoir la moitié et lui l'autre, sauf le ban et la justice desdites villes qu'ils retiennent comme d'ancienneté. » (Arch. de la Meuse, Reg. 42 (B. 260), f° 110 ; id., f° 157 ; Reg. 41 (B. 264), f° 238 ; Reg. 53 ; Domaine de Saint-Mihiel, (B. 234), f°¹ 1 et 4.)

— 29 novembre 1441. Lettre de confirmation par les comtes et ducs de Bar. (Arch. de la Meuse, Reg. 53 (B. 234), f° 3.)

— Le droit d'ajuster et de vérifier les poids et balances de la ville de Condé fut accordé en 1418, par le duc de Bar, au prévôt-moine de Condé, les jours de foires et marchés, et de percevoir les amendes.

— 21 mai 1465. Sentence arbitrale entre le roi de Sicile, duc de Bar, et l'abbaye de Saint-Mihiel, prononçant que les amendes de forces faites les jours de foires et marchés, à Condé, seront de moitié. (Arch. de la Meuse, B. 284, f° 160.)

— En 1491, des dangers de peste déterminèrent le duc de Bar à supprimer, pour cette année, la foire de Saint-Vincent, à Bar, et celle de Saint-Luc à Condé. (Arch. de la Meuse, P. 517. Compte d'Oudet de Chésaulx, receveur gén. du duché de Bar.)

— 10 décembre 1521. Copie extraite d'une décision rendue le 23 février 1463, entre le roi René et les abbés et couvent de Saint-Mihiel sur plusieurs différends survenus entre leurs officiers au préjudice de l'accompagnement ci-dessus, par laquelle est accordé et convenu que les abbés et couvent auront la moitié de toutes les amendes ordinaires et arbitraires qui se commettent ez jours de foires et marchés, lesquelles amendes seront arbitraires et taxées par S. A. ou par ses officiers ; — que la vente de Saint-Mihiel et autres réserves communes seront mises en dire par les officiers de S. A. et ceux de l'abbaye, présents et appelés aux remonts et oultrées, et que les sergents et fores-

Celles qui y sont établies actuellement s'y tiennent les 23 octobre (1) et 7 mai (2).

La superficie totale du territoire de Condé est de 1.843 hectares 05 ares (3). Les bois communaux figurent dans ce

tiers se feront en commun. (Arch. de la Meuse, Reg. 53 (B. 233), fos 10 et 157.) Communication de M. Jacob, archiviste départemental de la Meuse.

— 1548, par lettres patentes de Christine de Danemark et de Nicolas de Lorraine, un marché est établi à Condé-en-Barrois.

— 26 août 1587. Permission aux habitants de Condé de tenir marché une fois la semaine pendant douze ans. (Arch. de la Meuse, B. 264, f° 160.)

— En 1598, la halle de Condé fut remise en état. (Arch. de la Meuse, B. 752. Compte de Jean Bonnet, écuyer, gruyer de Bar.)

(1) Décision du 7 juillet 1840.
(2) Décision du 17 juillet 1845.
(3) D'après la statistique agricole dressée le 31 octobre 1881, il y avait :

310 hectares semés en froment; ils ont produit 5.580 hectolitres;
  15   —   seigle;   —   270   —
135   —   orge;   —   2.430   —
220   —   avoine;   —   5.500   —
  20   —   légumes secs; —   200   —
  80 hectares plantés en pommes de terre, 7.680 —

Quant aux fourrages, ils figurent pour : Betteraves : 50 hectares. — Foin : 40 hect. — Trèfle : 20 hect. — Luzerne : 225 hect. — Sainfoin : 20 hect.

La vigne figure sur la matrice cadastrale pour une contenance de 83 hectares 26 ares; mais elle n'est plus aujourd'hui que de 40 hectares (a), donnant en moyenne un produit de quatre hectolitres de vin à l'hectare.

A la même date, la commune de Condé possédait 188 chevaux, 26 taureaux, 181 bœufs, 78 vaches, 31 génisses et 47 veaux; 848 moutons, 320 porcs, 16 chèvres ou boucs et 64 chiens.

La culture des céréales et de la vigne occupe une partie des habitants, tandis que l'autre fait le commerce des bestiaux, confectionne des chaussures pour Paris, ou va vendre dans les départements limitrophes et la Suisse de la coutellerie commune.

(a) Nous relevons dans un compte de Jean Maillet, écuyer, receveur général du duché de Bar, qu'en 1618, le duc de Lorraine fit venir d'Aix, du plant pour la vigne de Condé. « Sept francs six gros » donnés « à Salomon Robert, demeurant à Bar, pour avoir esté à Châlons, du commandement de S. A., *adressé audit receveur général (sic?)* trouver le sieur Lallemont, àn d'avoir du plant d'Aix pour la vigne de Coundoy, par tesmoignage du 11e febvrier 1618, signé : d'Auxillot. » (Arch. de la Meuse, B. 501, f° 64.)

chiffre pour 160 hectares (1) et ceux des particuliers pour 212 hectares 7 ares (2).

Le plus ancien registre des baptêmes, sépultures et mariages, qui constatait l'état civil d'alors, remonte à 1638. Les archives de la commune ont été brûlées, pour la plus grande partie, dans les mauvais jours de la Révolution de 1789.

Condé a pour écarts : 1° un moulin (3) situé à 180 mètres du bourg ; 2° un château, dit Bentz, situé à 400 mètres.

III

Dans l'ordre spirituel, avant 1790, la paroisse de Condé faisait partie du diocèse de Toul, de l'archidiaconé de Rinel et du doyenné de Bar ; elle était à la collation de l'abbaye de Saint-Mihiel (4).

Depuis le Concordat de 1823, cette paroisse est chef-lieu d'un doyenné, fait partie du diocèse de Verdun, de l'archiprêtré de Bar-le-Duc (5) ; elle a pour patron saint Michel.

La construction de son église paraît remonter à la fin du

---

(1) En 1672, il y eut, dans cette forêt, une exploitation de chênes pour réparer le jeu de paume de Bar, le moulin de Savonnières et les usines de Condé. (Arch. de la Meuse. Compte de noble Pierre Gérard, gruyer de Bar, B. 791, f° 60, v°).

(2) Le gruyer de Bar fit recette, en 1390, de dix sols pour la vente à Jehan Chaillau, de Condé, « de 14 arpens de bois, seans es bois de Condé, au lieu que on dit la Grant Cercool. » — (Le Grand Cercueil : il est à conjecturer que dans ce lieu on avait trouvé quelques traces de sépultures antiques.) (Arch. de la Meuse, B. 680, f°s 5 et 6.) — Colet Pobonol, dudit lieu, Jehan, son fils, Humbelet fils Servais, de Condé, se fournissaient également es bois de Condé. (Ibid., f° 5, v°).

(3) Aux archives de Meurthe-et-Moselle (H. 1696), il y a une requête du commandeur de Saint-Antoine, demandant à reconstruire un moulin qui dépend de sa commanderie, situé sur le ruisseau de Condé, qui est en ruine.

(4) *Pouillé du diocèse de Toul*, rédigé en 1402, dans les *Documents sur l'hist. de Lorraine*, publiés par la Société d'archéologie, 1863, in-8°, p. 164-165.

(5) Le doyenné de Condé est formé des paroisses et annexes ci-après : *Condé*, Behonne, Charlogne, Erize-la-Brûlée, Erize-Saint-Dizier avec Rumont pour annexe ; Géry, Hargeville, Naives-devant-Bar, Resson, Rosnes, Rosières-devant-Bar, Seigneulles et Vavincourt.

xii⁰ siècle ou au commencement du xiii⁰ ; mais la partie sur laquelle s'élève le clocher pourrait appartenir à un édifice construit au ix⁰ siècle. Bâtie en pierre dite de Brillon, elle mesure dans œuvre 39 mètres de longueur sur 16 mètres 50 de largeur. Le chœur se termine en hémicycle (1), orné dans son pourtour d'arcatures ogivales, il n'est pas entouré de chapelles. Les nefs latérales ont des absides faisant saillie de chaque côté du chœur. La grande nef est séparée des nefs latérales par des piliers carrés portant sur leurs quatre faces des colonnes et aux angles des colonnettes ornées de chapiteaux sculptés et ornementés de feuilles de chêne, de lys, d'acanthe, de roses, etc. La tour, qui est carrée, sans tourelle extérieure pour loger l'escalier, est placée à l'entrée de la nef latérale de droite, et a été reconstruite, quant à la partie supérieure, à la suite de l'incendie de 1712 (2). Dans l'église, se retrouvent encore d'importantes traces de peintures murales remontant au xvi⁰ siècle, entre autres, la Passion, etc.

Sur un bénitier en forme de cloche renversée, porté sur trois pieds et garni de deux masques avec anneaux, on lit :

IAN PIERRE FILS DE NICOLAS PIERRE A DONNÉ CE SAILLON......
POVR ÊTRE REÇV HABITANT DE CE LIEV LAN 1613 (3).

Restauré, en 1868, aux frais de la fabrique et de Mesdames Joseph et Henri Estienne, de Condé, par les soins et sur les

(1) Dans le chœur, il y a des carreaux émaillés, encore en place devant l'autel. M. Léon Maxe-Werly, qui a fait une étude attentive de cette église, croit lire sur plusieurs groupes par quatre et formant une rosace : DE TILOMBOIS ME FIS. (Communication de M. Léon Maxe-Werly.)

(2) En France, avant la Révolution de 1789, dans bien des villages, quand le clocher de l'église était placé au devant de la nef, au-dessus ou au côté de la porte principale, son entretien était à la charge des habitants, comme la nef ; mais si le clocher s'élevait sur le chœur, il devait, comme le chœur, être entretenu, réparé ou relevé par le décimateur. S'il était entre les deux, il y avait expertise et parfois procès. (Albert Babeau, *Le Village sous l'ancien régime*, 1878, in-8⁰, p. 102.)

(3) Relevée par M. Léon Maxe-Werly, correspondant du ministère de l'instruction publique pour les travaux historiques. Ce vase, des pieds à son orifice, a 50 centimètres de hauteur sur 50 centimètres à son ouverture.

dessins de notre regretté confrère, Ernest Birglin (1), cet édifice est l'un des plus complets, des plus réguliers et des mieux conservés du diocèse : c'est un spécimen admirable du style architectural de transition.

IV

Entre Génicourt et Condé se trouvait, depuis plusieurs siècles, une maison où on recueillait les lépreux. Elle possédait une chapelle (2) placée sous le vocable de saint Jacques. On la désignait tantôt sous les noms de chapelle et d'ermitage Saint-Jacques, de maladrerie ou de maison des malades (3). Cette maison, placée sous la juridiction des évêques de Toul, était administrée par deux religieux, dont l'un prenait soin des malades et l'autre remplissait les fonctions sacerdotales. Un jour, un désaccord se produisit entre eux, et maître Jean, dit Sanson, le maître des malades, ne pouvant plus subvenir à sa charge avec les modiques ressources que lui laissait messire Derive, le curé des malades, intervint près de l'évêque, qui fit une verte admonestation à ce dernier, qui, à son tour, dut se contenter du revenu des grosses et menues dîmes perçues sur le village de Hargeville (4), du produit d'une terre située entre Condé et la Morte-Eau, et du droit de faire moudre dans le moulin des malades le grain qui pourrait lui être nécessaire.

En 1385, le duc Robert plaça cette maison, comme tous les établissements du Barrois, entre les mains des Antonistes de sa ville de Bar; plus tard elle fut convertie en bénéfice ecclé-

---

(1) Birglin, Pierre-Ernest, né à Bar-le-Duc, le 19 janvier 1833, décédé dans sa ville natale le 26 mai 1879, architecte de mérite, la mort l'a frappé dans la fleur de l'âge et dans la plénitude de son talent.
(2) Elle est dénommée sous le nom de « *Capella domus leprosorum de Condeto* », dans un titre de l'abbaye de Lisle-en-Barrois de 1309. (Cartulaire de ladite abbaye, f° 272, Arch. de la Meuse.)
(3) Docteur Baillot, *Notice sur les établissements de bienfaisance de la Meuse*, Mém. de la Société des Lettres, Sciences et Arts de Bar-le-Duc, 1873, t. III, p. 132-133.
(4) Archives de Meurthe-et-Moselle, H. 1696.

siastique à leur profit. A partir de ce changement, elle eut pour maîtres gouverneurs :

14... Jean Horaut.

1458. Jean de Coincourt, chanoine de l'église collégiale Saint-Georges de Nancy.

1490. Pierre Didier, religieux de Saint-Antoine.

1514. Godefroy Génot, clerc du diocèse de Toul.

1529. Pierre Radouan, clerc du diocèse de Toul.

1570. Didier Radouan.

1572. Jean de Ramberviller, chanoine de la collégiale de Saint-Maxe de Bar.

1595. Claude Lallement, religieux de la commanderie de Saint-Antoine de Bar.

1630. Nicolas Thierry, administrateur de l'hôpital de Briey, qui fit fermer la maison et s'en attribua les revenus (1).

Peu après, les chevaliers de Saint-Lazare ayant voulu prendre possession de cet établissement, en vertu d'un édit du mois de décembre 1672, furent déboutés de leurs prétentions par la chambre de la grande réformation des hôpitaux : alors les Antonistes, craignant de se voir inquiétés de nouveau, aliénèrent des immeubles, en l'année 1677, pour la somme de 18.111 francs 10 gros barrois (2), et, en 1686, ils se firent autoriser par messire de Billy, évêque de Toul, de transporter dans leur église tous les ornements et vases sacrés de la chapelle, sous la réserve d'en acquitter les fondations religieuses. Quant aux bâtiments, rapporte M. le Dr Baillot, on ne procéda « à leur vente que lorsqu'ils furent sur le point de s'écrouler. »

Il est à conjecturer que la léproserie Saint-Jacques possédait encore d'autres biens; car d'après un inventaire dressé le 3 no-

---

(1) « Un des actes de sa gestion est un bail, en vertu duquel il affermait au mayeur d'Hargeville, maître Simon, six fauchées du pré Saint-Jacques avec cent verges de terre, pour le prix de 70 francs barrois, et la portion des dîmes d'Hargeville afférente à son bénéfice moyennant la somme de 140 francs, une livre de cire et deux chapons. » (Docteur Baillot, *op. cit.*, p. 133.)

(2) Savoir : 25 jours 69 verges un quart de vignes; 233 verges de chènevières et 250 verges de terre.

vembre 1604 par les Antonistes eux-mêmes, on trouve, comme disant leur appartenir : 45 jours de terre, 60 fauchées de pré et 16 jours de vigne sur le finage de Condé.

V

Condé possédait aussi un hôpital avec une chapelle sous le vocable de saint Jean-Baptiste.

Cet hôpital ou maison-Dieu remontait sans doute à une époque assez éloignée ; car un acte passé devant M⁶ Richebois, notaire à Condé, le 5 janvier 1676, en présence du maire, des grands échevins, substitut et procureur d'office, exerçant la haute justice audit lieu, atteste qu'il y a à Condé une chapelle sous le titre de saint Jean-Baptiste, où les pauvres de la localité sont aumônés et reçus ; que les titres de ladite chapelle ont été perdus et incendiés dans la guerre de 1624, et que les ennemis pillèrent entièrement l'église et le village.

Au XVI° siècle, pour célébrer deux messes par semaine à l'hôpital de Condé, le curé recevait annuellement huit muids moictange, valant 140 francs.

Les autres revenus étaient un gagnage audit lieu, valant quatre muids moictange, soit 78 francs.

Les dîmes des nouveaux (1) (sic) valent également 70 francs ;
Et la moitié des dîmes de vin, 80 francs (2).

La chapelle de saint Jean-Baptiste de l'hôpital de Condé fut richement dotée par André Arnould, médecin-major général des armées de l'empereur d'Allemagne, né à Beauzée, où il fut baptisé le 4 août 1648, et décédé à Vienne (Autriche), le 21 décembre 1726, à l'âge de 78 ans (3).

Dans un acte d'acceptation, par les habitants de Condé, du don d'André Arnould, en date du 19 mars 1724, il est dit que le

---

(1) Ou novales. — Terres nouvellement défrichées et labourées, qu'on a mises en valeur et semées. *Novalis, novalia.*
(2) Archives de la Meuse, B. 355, f° 75.
(3) Il était fils de Jean André, procureur général de la terre de Beauzée, intendant de M. de Vaubecourt et notaire audit Beauzée, et de Renée Baudin, fille de Jean Baudin, lequel avait épousé Michelle, fille du sieur Barisien, écuyer du duc de Lorraine et de Bar.

chapelain nommé par le fondateur se servirait, pour célébrer ses messes, des ornements et des vases sacrés de la chapelle, et que leur entretien continuerait à être à la charge de la communauté.

Dans un autre acte notarié, daté de Vienne, du 28 septembre 1724, André Arnould est qualifié de fondateur de la chapelle Saint-Jean; elle fut érigée, le 12 novembre suivant, par messire Scipion Jérôme, évêque de Toul (1).

Le 4 octobre de la même année 1724, André Arnould avait nommé son parent, Jean Mangeot, curé de Condé, premier chapelain (2).

Pour son entretien, il donna un gagnage de 380 paires, qu'il possédait à Rembercourt, à charge de célébrer la messe le dimanche et les jours de fête et trois messes par semaine dans ladite chapelle de l'hôpital de Condé.

Il donnait en outre, à l'hôpital du même lieu, une maison située à Condé, rue du Fresne : les héritiers de défunte Jeanne Chabeau, sa mère, à l'orient, d'une part ; et les héritiers Claude Millot, à l'occident, d'autre part. Cette maison consistait en chambrette, cuisine et four, chambre devant, chambre derrière, tant haute que basse, cabinet aux côtés desdites chambres, grenier au-dessus, cours au-dessous, écurie, foulerie, cour avec puits, jardins tant fruitier que potager.

(1) Archives de Condé-en-Barrois.
(2) Jean Lacroix, de Condé, arrière-petit-neveu du fondateur, succéda à Jean Mangeot.
Le troisième chapelain fut Nicolas Mangin, aussi arrière-petit-neveu du même.
Le quatrième et dernier chapelain fut Jean Lemoine, curé de Loisey, nommé en 1777; il était fils de Jean Lemoine, descendant de Claudette André, sœur du fondateur.
Après l'extinction des membres de sa famille, M. André avait spécifié que les chapelains seraient alors nommés par la communauté de Condé ; mais un nommé Jean Georget, chanoine de l'église collégiale de Montfaucon, au diocèse de Reims, fut nommé, en 1778, par un descendant de Jean et Pierre les Mangin, qui prétendait, comme aîné, avoir le droit de faire seul cette nomination. En conséquence, le sieur Georget forma, en justice, une demande de mise en possession des biens de la chapelle contre Jean Lemoine, mais une sentence du bailliage de Bar débouta le chanoine de Montfaucon et maintint Jean Lemoine paisible possesseur du bénéfice, lequel en jouit jusqu'à la Révolution de 1789.

Par le même testament, André Arnould donnait encore à l'hôpital de Condé : 1° un gagnage à Bulainville ; 2° moitié de son gagnage des Marats ; 3° son gagnage de Sommaisne ; 4° celui de Courcelles ; 5° celui de Beauzée ; 6° enfin celui de Hargeville. Tous ces gagnages réunis rapportaient à l'hôpital huit cent neuf paires.

De plus, le testateur donnait encore à la chapelle Saint-Jean-Baptiste, toutes ses constitutions, obligations et promesses, avec intérêts tant échus qu'à échoir à Condé. Tous ces divers titres formaient un total de 34,000 livres ou 30,000 francs (livres de Lorraine (1).

Les gagnages réunis ne devaient faire qu'un seul bénéfice pour le chapelain, auquel était imposé la charge d'élever trois jeunes gens choisis parmi les plus proches parents de M. Arnould, pour leur faire faire leurs études et payer leurs pensions, jusqu'à ce qu'ils fussent en état d'entrer dans les ordres ou prendre une autre vocation. Leurs études terminées, ils devaient être remplacés par d'autres. Parmi les dix-sept jeunes gens élevés par le chapelain, cinq seulement sont entrés dans les ordres sacrés.

Sur l'emplacement de l'hôpital, où douze lits étaient à la disposition des malades, on a construit la mairie et les écoles. De la chapelle de Saint-Jean-Baptiste, si richement dotée par M. André Arnould, il ne reste plus que la tour, renfermant l'horloge communale, qui nous rappelle que nos heures sont comptées et que tout passe ici-bas.

(1) Outre les biens qui viennent d'être énumérés, André Arnoult possédait encore, à Vienne, en placement, une fortune de 16.470 florins (41.175 livres). Ces valeurs et le prix provenant de la vente de ses instruments de chirurgie ont été légués aux enfants de ses sœurs : 1° Michelle André, mariée à Nicolas Gand, de Seigneulles ; 2° Claudette André, mariée à Jean Chabraux, substitut du procureur du roi à Condé ; 3° Marie André, mariée à Jean Mangeot, dit de Messie.

VI

Noms des lieuxdits existants sur le territoire de Condé-en-Barrois, recueillis et communiqués par M. Léon Maxe-Werly, *vice-président de la Société des Lettres, Sciences et Arts de Bar-le-Duc.*

le bois l'Abbé, devant le,
terre à l'Argent
le Poirier Auric
dessus la voie de Bar, au-dessus.
le champ la Barbe
les Battants
faux Bâtard
Bayatte
Haute Bergerie, Basse, Blue, devant,
le Père Bœuf, devant, derrière, le coin du,
Clos Boileau
jardin bon Bois
Baie Bonne
Bouet
Coché Bouchon
le Bouvrot
Vaux Bracard, au-dessus de la,
Brise Bras
fond de Briffauval
le Brûlier, devant le,
les Bruyères, les grandes, Montant des,
Rond Buisson
le Bulit
la Cabre
Au-dessus de Caïfa
Vaux *Caillouette*
Voie des Canards
le Castadot
la Cave (en vigne)
le gros Cérisier
haut de la Chalaide, au-dessus de la grande; entre deux,

Chaude Chambre
Plat Champ
le Chanois; devant le; derrière le,
Champ Charet
Charselet
la Chartreuse
le Chaufour
devant Cheppe; sous; coutière de,
Clos le Ciseau
Clajumont
haie des Cliquets
Clocher
le Closel
Cochelin
le jardin grand Commère; au-dessus du,
le Village
Champ Cornouillier
la voie des Corps
la Corvée, la Vieille,
Coutel
Haute-Cour
la Croix; Tournant des Croix
Vallée-le-Crucifix
jardin Cutiot
Cuvelot
la Dame
la Dammédotte; devant la; derrière la,
Damnesier
Pré le Derrière
Noix Jean Didier
Diflontaines; haut de,

la maison Duc
Côte Dumont
Champ Dut
Vallée Colas Drône
Mer d'Eau; Entre deux Eaux
derrière l'Eglise
les Engelés
fosse l'Epée
voie de l'Etot
Poirier la Fête
la Folie
le bois de Fontaine
la Fossette
les Fouchères; derrière, devant,
Fremont; Petite; au-dessus de,
les grandes Friches
Trou le Gallet
Vauzel Colin Gérard
Giraval
Vaux Goubillon
Harlevalle, grande,
Valle Harmane; petite vallée,
Champ-Héblot
La Héronnière
Houzière
Saint-Jacques
la Vaux-Jambon
Noue Janson
la Jaune
le Jazerand
fosse Dame-Jeanne
Clos Lagage; au-dessus du,
la haie Lallemand
Côte Lambasson
Vaux Lambert
Pré Lanquis
Plante Lanty; au-dessus de,
Clos Lasnière
Vallée Jean Leblanc
Cugnet la Lobie
la Lochère; la petite,
Place Lorquin
Près des Louches
la haie le Loup
Poirier la Lune

Chauchi Machat
Vallée le Magnien
les Maillots; devant les,
le grand Mais,
les Malades; grands; queue du
petit malade
Côte Jean Martin; sous la,
Voie de Marat
la Maratte
Au-dessus de la Vaux-Marie
Martossée
Chaude Massonne
Côte le Mauvais
Ruelle Michaut
Tournière Saint-Michel
Champ le Moine
Carré montant
Derrière le Montier
Entre les deux monts
la Morante
La femme morte
Morteaux; haute,
Champ des morts
la Mouchette
le Moulin; sur le; vieux, devant le,
Grande Moulotte
la Moussenière
la Motte
la grande Nouette; la nouette de
l'Oiseau
fontaine aux Œufs; fosse aux
Œufs.
à l'Orme; haut; montant de;
Tête des Ormes
le Pachot
les Pallottes
Parfondeval
la Parmentière
la Pelle
les Perchières; les hauts
le pont de Pierre; au-dessus du
Poirier Jean-Pierre
TrouPilate
Champ Pinceau

Clos Pinou
la Pinotte
la Pique
la Plante
la Plate
la Vaux-Polson; au-dessus de, Marchepont
Champ Pouna
la Poussinière
Grand pie; petit; le neuf; mort; haut de bois; Rignauxné
Clos le Prêtre
Champ le Prévôt
le Prignon
jardin Pierre Prin; le pré Prin
la Priola
Rechine
Beauregard; au bout de,
Au-dessus de la voie de Rembercourt
la Richelotte
Richeur
la Ronsière; la tournière de,
la longue Roie
Côte des Rois; au-dessus de la,
Rougemont
la Vaux Rot
les Ruez
la Vaux Saison
la Sauboureille
Sauvalotte; devant la; derrière la,
la Blanche terre
Clos Thomas
Champ tournant
Pointe trouée
la Pierre trouée
Vigne de pointe trouée
le Coin des tués.
la haie à Vaches
Entre deux Valernes
la Queue le Vélu
Champ la Vigne
Derrière la Ville
la Basse Voie, la haute, au-dessus de, la rouge
Clos le Vomis
Vuisval
Vallée d'Yon

Bar-le-Duc — Typ. L. PHILIPONA et Cⁱᵉ — 1420

www.ingramcontent.com/pod-product-compliance
Lightning Source LLC
Chambersburg PA
CBHW060914050426
42453CB00010B/1711